Zwei Pferde, ein Läufer in Richtung D1 gallopierend.

Udo Piller

Viel Spaß beim Schachspielen

LAPPAN

Udo Piller, Jahrgang ’59 und gebürtiger Kölner,
startete seinen beruflichen Werdegang als Werbefotograf.
Da ihm das Fotografieren schon bald als
„realitätsfremd“ erschien, wechselte er
zu Illustrationen und Cartoons, die immer mehr
zu seinem Ausdrucksmittel wurden.
Er veröffentlicht Cartoons in Büchern, Kalendern,
Fachzeitschriften und auf Postern.
Bei Lappan sind von ihm bereits die Bücher
„Viel Spaß beim Fitneßtraining“
und „Viel Spaß beim Kegeln“ erschienen.

Gedruckt auf chlorfrei gebleichtem Papier.

Reproduktionen: litho niemann + m. steggemann gmbh · Oldenburg
Gesamtherstellung: Proost International Book Production
Printed in Belgium · ISBN 3-89082-806-X

Söldner!
Die Härtesten, die ich
auftreiben konnte.

Also für die Position des Läufers sehe ich bei Ihnen eine eindeutige Überqualifikation. Aber wir hätten noch eine Stelle auf H2 frei.
Lebenslauf

Aber der gnädige Herr ist der Meinung, rochieren brauche man nicht zu üben.

Ganz ruhig, Männer. Erst wenn ihr das Weiße in seinem Auge seht.

Das merken die nie!

Es ist der Bauer auf E4. Er fordert Luftunterstützung.

Könnt Ihr den brauchen? Wir haben die Monarchie abgeschafft.

Sehr geehrte Damen und Herren
vom Schachverband.
Zur moralich- ethischen Aufwertung
des königlichen Spiels empfehle ich
Ihnen wärmstens die Einführung
einer würdigen, neutralen Figur.
Ein Papst muß her!
In Erwartung einer zügigen
Bearbeitung dieser Anregung
verbleibe ich Hochachtungsvoll Ihr
King Lui.
Und von dem laß ich mich dann zum Kaiser krönen.

ACHTUNG!
SCHEINANGRIFF!

GOTT VERGIBT. RAMBAUER NIE!

Na, wie haben sie unser Remis-Angebot aufgefaßt?

Damit wir uns verstehen. Kein Gequatsche über Fußball und es wird sich nicht zum Skatspielen zurückgezogen!

Denk dran
Es geht nicht darum,
als Erster besoffen, lallend
unter dem Tisch zu
liegen.

Der Läufer auf A2, bitte zur Dopingprobe!

Das klappt nie!

Verpiss Dich!

Wird die weiße Dame zu ihrem König zurückkehren?
Läßt sich das drohende Matt auf G7 abwenden?
Dies und mehr, nach einer kurzen Werbepause.

Mit welchem Zug wollen die uns jetzt wohl überraschen?

Irgendwie trainieren wir am Thema vorbei.

Drei Millionen Ablösesumme für solche Pfeifen und wir sitzen auf der Reservebank.

Adrenalinjunkie!

Booohhh, wie langweilig! Eine Hängepartie.

Sagenhaft! Von A1 auf H8 in 9,8 Sekunden.

AUF DREI!

Tut uns Leid. Kein Bedarf. Wir operieren ausschließlich in der Ebene und von Ihrem Hanniball hat der Chef noch nie etwas gehört.

Bleib cool, Puppe! Ein Gentleman schlägt keine Dame.

Sagenhaft! Er spürt einfach jeden Undercover-Agenten auf.

Unser Bauer auf E5 geht mir irgendwie nicht agressiv genug vor.

Nach E8 ?!
Da gehen Sie...

Ja, was will denn der?

Und ich sage Euch! Es ist rund und kreist um eine Backgammonkugel.

Man hat schon Pferde kotzen sehen.

8
7
6
5
4
3
2
1
A B C D E F G H
Das, mein Sohn, war Großvaters Waterloo.

Wenn ich den Vergaser noch etwas aufbohre, kommen wir locker auf 30 PS.

Der hat diese Saison schon dreimal Matt gesetzt. Da fliegen einem die Sponsoren nur so zu.
Lullen
Sporteen
MAX

Bücher, die Spaß bringen!

Kai Felmy
Oben ohne!

Sebby
Männer und Haushalt!

Uli Stein
Viel Spaß beim Autofahren

Udo Piller
Viel Spaß beim Kegeln

Erich Rauschenbach
Viel Spaß in der Kneipe

Wolfgang Willnat
Viel Spaß beim Skat

Wilfried Gebhard
Viel Spaß beim Fußball

Karl-Heinz Brecheis
Viel Spaß mit dem Mountainbike

Peter Butschkow
Viel Spaß beim Tennis

Reinhard Alff
Viel Spaß am PC

Lappans Viel-Spaß-Bücher

Friedel Schmidt
Viel Spaß mit dem Hund

Noch-schöner-Bücher *gibt's auch zu anderen Gelegenheiten.*

Herzlichen-Glückwunsch-Bücher *gibt's auch zu vielen anderen Anlässen.*

Vielen-Dank-Bücher *gibt's auch zu vielen anderen Anlässen.*

Peter Butschkow
Horoskope-Bücher *gibt's für jedes Sternzeichen!*